Eleonora Bilotta

Buchstabenfest*igung*

Motivierende Unterrichtsideen für die Freiarbeit rund um Buchstaben – 2. Klasse

Plus Buchstabenfest – komplett vorbereitet

Auer Verlag GmbH

Gedruckt auf umweltbewusst gefertigtem, chlorfrei gebleichtem
und alterungsbeständigem Papier.

1. Auflage 2009
Nach den seit 2006 amtlich gültigen Regelungen der Rechtschreibung

Illustrationen: Eleonora Bilotta
Satz: Fotosatz H. Buck, Kumhausen
Druck und Bindung: Franz X. Stückle Druck und Verlag, Ettenheim
ISBN 978-3-403-0**6340**-7

www.auer-verlag.de

Inhaltsverzeichnis

Vorwort

Liebe Benutzerin, lieber Benutzer dieser Unterrichtseinheit!

Immer wieder steht es im Lehrprogramm: das Üben des ABC. Und immer wieder machte ich mich auf die Suche nach neuen motivierenden Übungsideen, was aber oft mehr Arbeit brachte als Ertrag. Der Aufwand für die Vorbereitung und der effektive Ertrag beim Üben standen nie in einem idealen Verhältnis.

Was ich brauchte, war zweifellos eine Unterrichtseinheit mit einem vielfältigen Angebot an Übungsvorschlägen und -materialien.

Da ich dabei nicht fündig geworden bin, habe ich mich entschlossen, selbst eine Übungseinheit zusammenzustellen, maßgeschneidert auf meine ABC-Schützen.
Natürlich hoffe ich, auch Ihnen damit dienen und Ihnen etwas Arbeit bei der Material- und Ideensuche ersparen zu können.

Viel Spaß und Übungserfolg!

Eleonora Bilotta

Organisation und Vorbereitung

ÜBUNGSWAHL

Diese Unterrichtseinheit bietet Ihnen eine Fülle von Übungsvorschlägen, die – noch mit persönlichen Ideen bereichert – ein umfassendes Lernprogramm bilden. Sie haben mehr Zeit, individuell auf die Kinder einzugehen, sie beim Üben zu beobachten, zu unterstützen und zu bestärken.
Spielerische Übungen in verschiedenen Sozialformen (Einzel-, Partner- und Gruppenarbeiten) bringen Abwechslung in das eigentlich recht langweilige „ABC-Pauken".
Gelernt wird auf verschiedenen Sinnesebenen, sodass alle Lerntypen berücksichtigt werden.

HINWEIS

Die Unterrichtseinheit ist für die zweite bis dritte Klasse konzipiert. Unter Umständen müssen die Arbeitsaufträge etwas vereinfacht oder erschwert werden.

UMFANG UND ZEITPUNKT

Diese Unterrichtseinheit kann beliebig während des 2. Schuljahres eingesetzt werden. Zu Beginn sollten Sie vor der Einführung der Unterrichtseinheit das ABC mit den Kindern kurz eingeführt und besprochen haben. Die Übungsmaterialien können sehr gut nach einigen Monaten oder nach einem Jahr zur Repetition des Geübten erneut eingesetzt werden.

VORBEREITUNGEN

- ins Thema einlesen
- Kinderbücher in Bibliotheken und Buchläden suchen
- eigene Materialien und Arbeiten integrieren
- ABC-Poster suchen (Lehrmittelverlage, Buchläden, Warenhäuser). Zu jedem Erstleselehrgang ist meistens auch ein Buchstabenposter erhältlich.
- zur Bearbeitungshilfe der Aufträge vollständiges ABC im Zimmer aufhängen oder jedem Kind auf den Tisch kleben
- Arbeitskarten in der vorgegebenen Reihenfolge doppelseitig gemäß Vorlage kopieren und in der Mitte mit einem Langarm-Klammerhefter befestigen
- Hefte bereitstellen
- Herstellen und Kopieren der Arbeitsblätter
- Kärtchen, Spiele und andere Arbeitsmaterialien herstellen
- Selbstbedienungsflächen für Arbeitsmaterialien einrichten (Tisch, Fenstersims, Regal, Register, Ordner, Schachteln)

ORGANISATION

Schwierige Aufträge im Klassenverband erarbeiten, Spiele erklären und ausprobieren. Die Kinder sollen auch während der Arbeiten immer wieder Gelegenheit haben, ihre Erlebnisse und Erfahrungen auszutauschen und eigene Ideen einzubringen.

Gemeinschaftsunterricht

- ABC-Buch erfinden: Jedes Kind schreibt zu einem Buchstaben eine Geschichte. Alle Geschichten in einem Ordner sammeln oder zu einem Buch binden und als Klassenlektüre oder Vorlesebuch verwenden
- Buchstabengedichte erfinden: gemeinsam ABC-Gedichte reimen und aufschreiben, siehe Auftrag „G“
- Geschichten, Bilderbücher zum Thema erzählen
- Buchstaben backen: selbst Teig kneten (z. B. Keksteig, Zopfteig, Brotteig) und Buchstaben formen, backen und gemeinsam essen
- ABC auf diverse Arten aufsagen und auf Kassette aufnehmen: laut, leise, lustig, traurig, geheimnisvoll, gruselig, schnell, langsam ...
- Lustige ABC erstellen: siehe Auftrag „U“
- Geschichten spinnen, in denen im ersten Satz etwas mit „A“, im zweiten Satz etwas mit „B“ usw. vorkommt
- Grafissimo-Spiel („Montagsmaler“): Zuerst wird ein Buchstabe des ABC ausgelost. Dann malt ein Kind etwas, das mit diesem Buchstaben beginnt, an die Tafel oder auf den Tageslichtprojektor. Wer zuerst errät, was es ist, darf weiter malen. Oder: Wie viele Zeichnungen können wir zu einem Buchstaben malen?
- Wettbewerb (Einzelarbeit): Wer findet innerhalb einer vorgegebenen Zeit die meisten Nomen, Verben oder Adjektive zu einem Buchstaben?
- Spiel „Stadt/Land/Fluss“ als Gruppenarbeit: Im Gegensatz zu den sonst bekannten Spielregeln müssen zu einem Buchstaben möglichst viele Nomen, Adjektive und Verben gefunden werden.
- ABC-Nachmittag mit vielen ABC-Spielen für Eltern, Geschwister oder andere Klassen organisieren (im Schulzimmer oder im Freien)
- Morse-ABC

Zeichnen und Werken

- ABC-Poster basteln, kleben:
  - Buchstaben in diversen Schriftgrößen und -arten aus Zeitschriften und Zeitungen ausschneiden und aufkleben
  - Jedes Kind gestaltet einen Buchstaben für ein Klassenzimmer-ABC (malen, basteln), siehe auch Auftrag C „Basteln“
  - zu jedem Buchstaben Bilder aus Zeitungen und Zeitschriften suchen, ausschneiden, aufkleben
- ABC-Magnete: Buchstaben aus Sperrholz aussägen oder aus Moosgummi basteln, bunt gestalten und Magnet auf der Rückseite befestigen
- Buchstaben formen: aus Ton, Plastilin oder Salzteig
- Fenster-ABC: Buchstaben bunt ans Fenster malen. Jedes Kind darf einen Buchstaben gestalten.
- ABC-Mobile: Riesengroßes ABC-Mobile fürs Schulzimmer basteln: Jedes Kind fertigt einen Buchstaben an und hängt ihn auf.
- ABC-Girlande: Jedes Kind gestaltet einen Karton-Buchstaben. Schnur quer durchs Zimmer spannen und Buchstaben daran befestigen. Zu jedem Buchstaben können auch Bilder gemalt und dazugehängt werden.
- Türschilder basteln: z. B. Holz, Ton, Karton, Salzteig, Moosgummi, mit lustigen bunten Buchstaben
- Brosche mit Initialen gestalten (aus Ton, Moosgummi, Salzteig)
- „aussagekräftige“ Wörter gestalten, zeichnen:

- Buchstabengalerie: Jedes Kind gestaltet einen Buchstaben des ABC ganz persönlich (malen, Collage); evtl. einrahmen und aufhängen. (z. B. fürs Buchstabenfest)

Buchstabenfest

Als krönenden Abschluss der Unterrichtseinheit und der „ABC-Paukerei“ gibt es bei uns immer ein großes Buchstabenfest, das eincn ganzen Tag lang dauert. Hier einige Vorschläge:

Vormittag

nur Lehrperson und Kinder: im Schulzimmer diverse Spiele, Bastel- und Malaktivitäten

„Fünf-Sinne“-Pakete

FÜNF SINNE PAKETE

- Die Pakete liegen auf einem großen Tuch. Die Kinder sitzen in einem Kreis um das Tuch herum.
- Ein ABC-Lied gemeinsam singen.
- Die Schachteln nacheinander öffnen und ausprobieren.

Schachtel 1: Tasten

TASTEN

Sack mit verschiedenen Tastbuchstaben; jedes Kind greift hinein und ertastet einen Buchstaben;

- dazu ein Wort sagen und/oder an die Tafel schreiben
- ein Wort im Wörterbuch suchen
- ein Rätsel: Ich weiß ein Tier mit „M“, das ...

Material: Tastbuchstaben sind aus diversen Materialien in Spielwarengeschäften erhältlich (Holz, Plastik, Karton, magnetisch)
Buchstaben selbst basteln: aus Holz sägen, aus Karton schneiden oder Buchstaben mit gut tastbaren Materialien auf Karton kleben (Schmirgelpapier, Knöpfe ...)

Schachtel 2: Hören

HÖREN

Zu jedem Buchstaben gibt es ein Ding in der Schachtel.
Die Dinge benennen, Sätze bilden und den Anlaut bestimmen.
Zum Schluss in alphabetischer Reihenfolge legen.
Weitere Übungsmöglichkeiten:

- Ein Ding wegnehmen – welches fehlt? (Kimspiel)
- Ich sehe etwas, was du nicht siehst! Ein Kind beschreibt einen Gegenstand, die anderen raten.
- Anlaut, Inlaut, Endlaut eines Begriffes bestimmen

Material: zu jedem Buchstaben ein Vorschlag

A	Auto	N	Nagel
B	Ballon	O	Ohrring
C	CD-(Rom)	P	Pille
D	Dose	Q	Quadrat
E	Ente	R	Raffel

F	Fadenspule	S	Seife
G	Gabel	T	Tasse
H	Hagebutte	U	Uhr
I	Igel	V	Vier (Tastzahl)
J	Joghurtbecher	W	Wollknäuel
K	Knopf	X	Xylophon
L	Leder	Y	Yo-Yo
M	Medaille	Z	Zahnbürste

Schachtel 3: Sehen

SEHEN ABC-Kärtchen mit den Groß- und Kleinbuchstaben des ABC. Nur ein Buchstabe fehlt. Welcher?

Material: Buchstabenkärtchen, siehe Kopiervorlagen Seite 54–57

Schachtel 4: Schmecken

SCHMECKEN „Essbare Buchstaben" (selbst gebacken oder auch in einigen Warenhäusern erhältlich als Lutschbonbons, Salzbrezel o. Ä.):

- jedes Kind bekommt einen leckeren Buchstaben, muss aber vorher einige Wörter dazu nennen
- analog als In-/Endlaut-Übung

Material: wie beschrieben

Schachtel 5: Riechen

RIECHEN Riechdöschen im Kreis herumgeben und gemeinsam den Inhalt bestimmen

Material: Vorschläge für die Riechdöschen

A	Anis	N	(Gewürz-)nelken
B	Basilikum	O	Oregano
C	Curry	P	Petersilie
D	Dill	Q	Quitten(-marmelade)
E	Estragon	R	Rosmarin
F	Fenchel	S	Salbei
G	Gugelhupf	T	Thymian
H	Honig	U	Ulmenblätter
I	Ingwer	V	Vanille
J	Joghurt	W	Wacholder
K	Kaffee	X	X
L	Lavendel	Y	Y
M	Muskat	Z	Zimt

Überraschungspaket

ÜBERRASCHUNGSPAKET

Am Schluss bleibt ein großes Überraschungspaket in der Tuchmitte.
Ballone (nicht aufgeblasen) aus der Schachtel nehmen, an die Kinder verteilen und aufblasen lassen. Auf jedem Ballon steht der Name eines Kindes in Spiegelschrift. Die Kinder lesen und entziffern die Namen und bringen den Ballon dem rechtmäßigen Besitzer. Jeder/jede liest vor, wie er/sie rückwärts heißt.
Material: Ballone (Namen der Kinder in Spiegelschrift mit wasserfestem Filzstift aufschreiben, pro Kind 1 Ballon)
Je eine Schnur zum Aufhängen der Ballone, mit Briefumschlägen und Arbeitsaufträgen (Kopiervorlage Seite 13) versehen.

Spiele mit dem Ballon

BALLONSPIELE

- Hochwerfen – wer findet seinen Ballon zuerst wieder?
- Jedes Kind hat irgendeinen Ballon: einzeln hochwerfen und den Namen des Kindes rückwärts rufen. Dieses muss möglichst schnell seinen Ballon holen.
- Ein Kind beschreibt die Besitzerin oder den Besitzer des Ballons: Wem gehört der Ballon?

Aufträge im Überraschungspaket

AUFTRÄGE

Im Überraschungspaket befinden sich Briefumschläge mit Aufträgen, die an einer Schnur befestigt sind. Jedes Kind zieht eine Schnur und nimmt den Auftrag weg. Es löst die Aufgabe und hängt an dessen Stelle einen Ballon. So wird aus der Briefeine Ballongirlande.

Zur Ruhe kommen

Die Lehrperson erzählt eine Geschichte oder liest ein Bilderbuch vor.

BASTELN UND MALEN

- ABC-Schlange gemeinsam malen. Jedes Kind malt dazu einen Puzzleteil mit einem Buchstaben des ABC. Werden die Teile beidseitig bemalt, z. B. mit Wachsmalstiften, kann die Schlange anschließend als Fensterschmuck aufgehängt werden.
- T-Shirt bemalen: Jedem Kind wird ein Buchstabe zugeteilt (auslosen), der am Nachmittag auch zur Gruppeneinteilung dient.
- Schirmmütze bemalen (wie T-Shirt mit einem bestimmten Buchstaben versehen). Unbedruckte Schirmmützen sind in Bastelshops erhältlich.
- ABC-Hut (Pappmütze) basteln (siehe Kopiervorlage Seite 15)

Mittag

MITTAGESSEN

Lehrperson und Kinder: in der Schulküche oder im Schulzimmer gemeinsames Mittagessen einnehmen

ELTERN EINBEZIEHEN

Da ein ganzes Tagesprogramm organisatorisch sehr anspruchsvoll ist, empfiehlt es sich, einige „Ämter" an die Eltern zu delegieren. Die Lehrperson bekommt etwas Freiraum und es gibt sicher Eltern, die gerne etwas beitragen.

Menüvorschlag: Buchstabensuppe, Brot (evtl. Brotteigbuchstaben), Früchte, Sirup. Die Eltern bringen die Sachen kurz vor der Mittagspause in die Schule.
Variation: Das Mittagessen mit gleichem Menü nach draußen verlegen (die Aufräumarbeiten sind einfacher) und dazu auf dem Feuer noch etwas Leckeres braten.

Geschirr und Besteck nehmen die Kinder von zu Hause mit (weniger Abfall!).

Nachmittag

Draußen, bei schönem Wetter (nahe gelegener Wald, Spielplatz, Spielwiese)

- Die Eltern warten an ihren Spielposten auf die Kinder
- Die Kinderpaare werden ausgelost, ein Groß- und der entsprechende Kleinbuchstabe gehören zusammen (z. B. Buchstaben auf T-Shirt, Mütze)
- Die Paare zirkulieren beliebig von Posten zu Posten
- Abschluss: Dank und Applaus für die Eltern

ABC-DIPLOM

- Überreichung des ABC-Diploms an die Kinder

Organisatorisches

- Einladungen an Kinder und Eltern verteilen (Kopiervorlage Seite 14)
- Kinder einstimmen, Übersicht über den Tagesablauf schildern, Verhaltensregeln bekannt geben
- ABC-Spiele sammeln für den Spielnachmittag (Lehrerkollegium, Spielwarengeschäfte, von den Kindern mitbringen lassen)

Elternhilfe organisieren:

- Wer macht Buchstabensuppe?
- Wer bringt Brot oder backt Brotteig-Buchstaben?
- Wer bringt Früchte?
- Wer bringt Sirup oder Tee?

- Wer übernimmt am Nachmittag einen Spielposten?
- ABC-Diplome für die Kinder herstellen (Kopiervorlage Seite 16)

Für den Morgen

- lustiges Wandtafelbild zur Dekoration malen oder von den Kindern malen lassen
- „5-Sinne"-Pakete vorbereiten
- Überraschungspaket vorbereiten
- Bilderbuch oder Buchstabengeschichte auswählen
- ABC-Schlange: Puzzleteile anfertigen und bereitstellen
- Pappmütze: Pappteller und Gummiband
- T-Shirts und Schirmmützen: Stofffarben

Für den Spielnachmittag im Freien:

- Material zusammenstellen
- Wer hilft mit? Interessierte Eltern zu einer kurzen Informationssitzung einladen und die einzelnen Spiele, respektive Posten, erklären.
- Eltern, die einen Spielposten übernehmen, erhalten ihr Material und richten ihren Posten am Spielnachmittag auf einer Picknickdecke ein.

Aufträge zum Überraschungspaket

A: Sage zu allen **B**uchstaben des **A**lphabets ein Wort!
B: Zähle 10 Wörter auf, die mit B/b beginnen!
C: Beschreibe, wie ein **C**lown aussieht!
D: Denksport: Es ist ein Tier,
das wohnt nicht hier,
hat ein zotteliges Fell,
komm, sag's mir schnell!
Nur einen Höcker und vier Beine –
weißt du jetzt endlich, wen ich meine?
E: Schreibe ein **E** an die Tafel! Schreibe noch einen Buchstaben dazu! Jetzt kannst du es essen. Was ist das?
F: Wer sind deine besten **F**reunde? Zähle auf!
G: Welche Farben beginnen mit **G**?
H: Wie viele Tiere mit **H** kennst du?
I: Im Buchstaben **K** versteckt sich ein **I**. In welchen Buchstaben auch noch?
J: Stelle einem Kind zehn Fragen, die es mit „**j**a" beantworten kann!
K: Was gibt es alles im **K**eller? Zähle auf!
L: Singe ein **L**ied vor!
M: Male einen großen **M**ond an die Tafel! Kennst du ein Lied vom Mond?
N: Bilde drei Rechnungen, die **N**ull ergeben!
O: Was fällt dir zum Wort **O**stern ein? Zähle auf!
P: Was muss man alles **p**utzen? Zähle zwanzig Dinge auf!
Q: Erzähle während einer Minute nur **Q**uatsch!
R: Was ist alles **r**und? Zähle auf!
S: Welche **S**uppen hast du schon gegessen?
T: **T**anze mit einem anderen Kind durchs Schulzimmer!
U: Welche **U**hrenarten kennst du? Zähle auf!
V: Schreibe ein violettes **V** an die Tafel!
W: Trinke einen Schluck **W**asser!
X: Zeichne ein **X** auf ein Blatt! Kannst du ein Männchen daraus malen?
Y: Spiele mit dem **Y**o-Yo!
Z: Zähle zehn Wörter mit **Z** auf!

Einladung zum Buchstabenfest

Alle mal herhören!

Bald ist etwas Tolles los ...

Capito?

Das Buchstabenfest steht vor der Tür!

Eingeladen sind alle Kinder der Klasse.

Freust du dich auch schon?

Gegessen wird am Mittag zusammen in der Schule.

Heute liest du diesen Zettel genau und bereitest alle Sachen vor!

Informiere auch deine Eltern!

Juhui!

Kannst du das ABC noch? Sag es noch einmal auf!

Lange dauert‘s, unser Buchstabenfest, einen ganzen Tag lang.

Mitbringen: T-Shirt (einfarbig, weiß), Teller, Becher, Besteck (stabil!)

Nachmittags gibt es Spiele im Freien.

Oh, das wird toll!

Pünktlich erscheinen: um ________ Uhr!

Quassle nicht noch lange und bereite dich vor!

Regenschutz für draußen nicht vergessen (für alle Fälle ...)

Schluss ist erst um _______ Uhr.

Telefonkette bei allfälligen Änderungen ab ______ Uhr.

Und Ersatzdatum bei schlechter Witterung: _______________

Viel Spaß!

Wann? Am ______________________. Wo? Im Schulzimmer.

X Y Z – Übe nochmals das ABC und gehe früh zu Bett!

Bastelanleitung Pappmütze

Jedes Kind braucht einen Picknick-Pappteller.

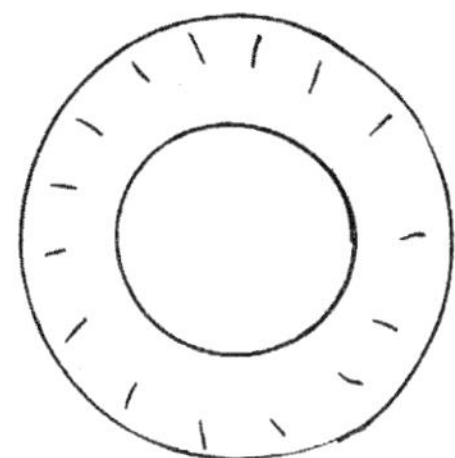

Zeichne in der Mitte eine einfache Form ein.

Schneide der gestrichelten Linien nach.

Male oder klebe einen Buchstaben auf die Form.
Gestalte den Rand deiner Mütze in bunten Farben.

Falte die Form nach oben.
Befestige ein Gummiband.

Das ABC
tut dir nicht weh:
Von A bis Z hin und zurück
schaffst du alles, Stück für Stück
Spitze!

Ablauf der Arbeiten

EINSTIEG INS THEMA

- Bilderbuch, Buchstabengeschichte erzählen
- ABC kurz besprechen, einführen
- ein ABC-Lied singen
- einige ABC-Spiele erklären und in Gruppen spielen
- Arbeitsmaterialien zeigen, erklären
- Verhaltensregeln bekannt geben
- Das Abschlussprojekt „Buchstabenfest“ sollte den Kindern schon bei Arbeitsbeginn bekannt sein, damit sie ein Ziel haben und die Vorfreude genießen können.
- den Kindern bei der Auswahl der Arbeiten helfen
- eventuell zu Beginn nur eine beschränkte Anzahl an Einstiegsarbeiten zur Verfügung stellen, bis sich die Kinder an den Ablauf gewöhnen

ABLAUF FÜR DIE KINDER

- Das Kind wählt eine Arbeitskarte aus.
- Es sucht sich, falls erforderlich, Partner.
- Es meldet die Arbeit der Lehrperson.
- Es holt sich das benötigte Material.
- Falls notwendig, holt sich das Kind Hilfe und Erklärungen bei anderen Kindern oder bei der Lehrperson.
- Die beendete Arbeit wird der Lehrperson gezeigt und erklärt. Falls erforderlich, werden Fehler sofort korrigiert.
- Ist eine Arbeit erledigt, muss das Kind sie auf seiner Kontrollliste (Suppen-ABC, Seite 26) markieren (entsprechende Buchstaben farbig gestalten).
- Es dürfen nicht zwei Arbeiten gleichzeitig begonnen werden.

ABLAUF FÜR DIE LEHRKRAFT

- die gemeldeten Arbeiten in der Kontrollliste markieren (eventuell mit Datumstempel)
- bei neuen und schwierigen Arbeiten Erklärungen und Hilfen geben
- die als fertig gemeldeten Arbeiten, wenn möglich, sofort korrigieren
- von Zeit zu Zeit die Kontrolllisten und Arbeitshefte überprüfen
- neue Ideen und Impulse der Kinder aufgreifen
- schwierige Arbeiten orten und im Klassenverband besprechen
- Kinder beobachten, begleiten und unterstützen

Arbeitsaufträge und Material

A – Alles durcheinander

AUFTRAG Jeder Becher enthält viele Buchstaben. Kannst du damit ein Wort bilden? Kontrolle: auf dem Becherboden

MATERIAL Becher mit Schüttelwörtern, siehe Kopiervorlagen Seite 28 bis 30

TIPP Tipp für das Kind: Es ist immer ein Tier.
(evtl. Anfangsbuchstaben farbig markieren)

HINWEISE
- Lösungen für Selbstkontrolle auf dem Becherboden notieren
- je nach Klassenstand selbst Schüttelwörter anfertigen
- Schüttelwörter in drei Schwierigkeitsstufen: Becher in drei verschiedenen Farben markieren

B – Buchstaben spüren (2 Kinder)

AUFTRAG Jedes Kind hat einen Stapel mit Wortkärtchen. Ein Kind schreibt dem anderen ein Wort davon auf den Rücken. Dieses muss nun in seinem Stapel nachschauen, ob es das Wort findet.

MATERIAL zwei identische Sätze Wortkärtchen
(Schwierigkeitsgrad der Wörter dem aktuellen Klassenstand anpassen)

HINWEIS z. B. auch Diktat- und Lernwörter verwenden oder Wörter aus einem aktuellen Sachthema
Es liegt keine Kopiervorlage bei; jede Lehrperson fertigt die Wortkärtchen nach eigenem Bedarf an.

C – Basteln

AUFTRAG Nimm dir einen Buchstabenbastelbogen. Gestalte den Buchstaben.

MATERIAL 26 Buchstabenbastelbögen; auf jedem Bogen steht ein Buchstabe des ABC.
verschiedenes Bastelmaterial
Klebstoff, Schere
Buchstaben-Bastelbogen: Die Lehrperson schreibt die Buchstaben des ABC einzeln und groß auf DIN-A4-Zeichenpapier. So ist gewährleistet, dass alle Buchstaben verwendet werden.
Beendete Arbeiten im Schulzimmer aufhängen, auch als Dekoration fürs ABC-Fest.

D – Domino (1–3 Kinder)

AUFTRAG Spielt das Domino. Sagt dabei zu jedem Bild den passenden Begleiter (der, die, das).

MATERIAL ABC-Domino, siehe Kopiervorlagen Seite 31 bis 32
Übliche Domino-Regeln

TIPP Ein Domino-Spiel kann auch von den Kindern mit eigenen Zeichnungen hergestellt werden (jedes Kind gestaltet z.B. eine Karte).

E – Ein Tier mit ... (2–4 Kinder)

AUFTRAG Übt euch im Raten!

MATERIAL Blanko-Spielkarten,
Buchstabenkärtchen, siehe Kopiervorlagen Seite 54 bis 55
Blatt mit Oberbegriffen, z. B.:

	etwas ...
Fahrzeug	im Zoo/im Zirkus ...
Möbel	aus Holz
Tier (Wassertier/Landtier)	Rundes
Beruf	aus diesem Raum
Mädchenname	in der Küche/im Bad/im Wohn-
Jungenname	zimmer/im Kinderzimmer/
Spielzeug	Keller/Garage/auf dem Dachboden/
Kleidungsstück	aus dem Garten
Getränk	
Gemüse	etwas, das ...
Pflanze	fliegen kann
Obst	deine Füße können
Stadt/Dorf/Land	deine Hände können
Hobby	schwimmen kann
Instrument	du gut kannst
Schulsachen	du nicht so gut kannst
Körperteil	

HINWEIS Zur Herstellung des Spiels:

- Fragekarten „?“: Oberbegriffe einzeln auf Blanko-Karten schreiben und die Kartenrücken mit einem Fragezeichen markieren.
- Buchstabenkarten „ABC“: Die Großbuchstaben des ABC einzeln auf Blanko-Karten schreiben und auf dem Kartenrücken die Bezeichnung „ABC“ anbringen

---

SPIELREGELN Sortiert die Spielkarten und legt sie verdeckt auf zwei Stapel:

Fragekarten „?“	Buchstabenkarten „ABC“

Kind A dreht eine Fragekarte um und liest.
Kind B dreht eine Buchstabenkarte um.
Wer mit diesem Buchstaben zuerst ein Wort findet, das zur Fragekarte passt, erhält die Buchstabenkarte als Punkt. (Fahrzeug - T - Taxi)
Wird kein Wort gefunden, legt man die Karten zuunterst in den Stapel.

F – Fitness-ABC

AUFTRAG Lest das ABC vor. Bei einem s klatscht ihr, bei einem n hüpft ihr und bei einem lmacht ihr eine Kniebeuge!
Übt so das ABC dreimal!

MATERIAL AB „Bewegungs-ABC“, siehe Kopiervorlage Seite 33
AB auf Format DIN A3 vergrößern und mit Leseanleitung im Schulzimmer aufhängen

G – Gedichte

AUFTRAG Lest die Gedichte. Sucht euch ein Gedicht aus und lernt es auswendig. Tragt es der Klasse vor.

MATERIAL Arbeitsblätter mit ABC-Gedichten, siehe Kopiervorlage Seite 34

VARIANTE Die Lehrperson oder Kinder lesen die Gedichte auf Kassette.

H – Hier fehlen Buchstaben

AUFTRAG Lies das ABC durch. Einige Buchstaben fehlen. Schreibe sie auf.
Bilde daraus das Lösungswort. Es ist immer ein Tier.
Kontrolle: Die Lösungen sind im Umschlag.

MATERIAL Arbeitsblatt „Welcher Buchstabe fehlt?“, siehe Kopiervorlage S. 35
Lösungen bereithalten
Lösungen: Zebra, Delfin, Fuchs, Pony, Tiger

I – Irrgarten

AUFTRAG Findest du den vollständigen Weg von A bis Z?

MATERIAL Arbeitsblatt, siehe Kopiervorlage Seite 36

J – Jede Menge Wörter

AUFTRAG Suche dir ein Bild aus. Schreibe zu deinem Bild möglichst viele Wörter auf.

MATERIAL Bilder, worauf viel zu sehen ist (z. B. Ansichtskarten, Bild aus Bilderbuch, Sachbuch, Schulwandbild ...)

ZUSATZAUFTRAG Ordnet die gefundenen Wörter nach dem ABC und schreibt sie auf.

K – Kimspiel

AUFTRAG Ein Kind schließt die Augen. Das andere verteilt die Kärtchen gut sichtbar auf dem Boden, lässt aber ein Kärtchen in der Büchse zurück. Öffne die Augen! Welcher Buchstabe fehlt?

MATERIAL Büchse mit Buchstaben, siehe Kopiervorlagen Seite 54 bis 55 oder Seite 56 bis 57

L – Lotto (3–4 Kinder)

AUFTRAG Spielt Lotto!

MATERIAL Büchse mit Buchstaben, siehe Kopiervorlagen Seite 54 bis 55, (doppeltes ABC, da einige Buchstaben zweimal vorkommen)
Lottokarten, siehe Kopiervorlagen Seite 37 bis 39
Jedes Kind hat drei Lottokarten.

SPIELREGELN Ein Kind zieht einen Buchstaben aus der Büchse.
Wer auf seinen Karten ein Wort hat, das mit diesem Buchstaben beginnt, darf ihn aufs Bild legen.
Gewonnen hat, wer zuerst alle Bilder zugedeckt hat.
Variante: anstatt Anlaut den Endlaut der Wörter bestimmen (Achtung: entsprechende Buchstaben in Büchse bereitstellen!)

M – Maus-ABC und anderes

AUFTRAG Sortiere die Kärtchen nach dem ABC. Es gibt drei ABC-Reihen:
Maus-ABC
Esswaren-ABC
Schul-ABC

MATERIAL Wortkärtchen für ABC-Reihen, siehe Kopiervorlagen Seite 40 bis 45
Zur Lösungshilfe sollte im Schulzimmer ein ABC aufgehängt sein.

N – Nenne alle Buchstaben (2 Kinder)

AUFTRAG Ein Kind zeigt ein Bildkärtchen. Das andere Kind buchstabiert das Wort und schreibt es auf ein Blatt.

MATERIAL Bildkärtchen, siehe Kopiervorlagen Seite 46 bis 47
Lösungsblatt S. 48

O – Oh, eine Geheimbotschaft

AUFTRAG Jede Zahl steht für einen Buchstaben. Versuche, die Botschaft zu lesen und schreibe die Lösung auf! Schreibe selber ein solches Rätsel.

MATERIAL Arbeitsblatt „Geheimbotschaft", siehe Kopiervorlage Seite 49
Lösung: Einfach prima!

P – Paarkarten (2–4 Kinder)

AUFTRAG Verteilt alle Karten aufgedeckt auf dem Tisch. Sucht Paare. Immer zwei Kärtchen, die zusammen ein Tier bilden, gehören zusammen.

MATERIAL Paarkarten, siehe Kopiervorlagen Seite 50 bis 51

Q – Kreuz und quer

AUFTRAG Löse das Kreuzworträtsel.

MATERIAL Arbeitsblatt „Kreuzworträtsel", siehe Kopiervorlagen Seite 52 bis 53

R – Richtige Reihenfolg (ABC-Kärtchen)

AUFTRAG Nimm eine Büchse. Lege die Kärtchen in der richtigen Reihenfolge auf den Boden.

MATERIAL Zwei Büchsen mit je einer vollständigen Serie ABC-Kärtchen, siehe Kopiervorlagen Seite 54 bis 55 oder Seite 56 bis 57

VARIANTE Wettrennen: Wer legt seine Kärtchen zuerst richtig hin?

S – Singen (2–3 Kinder)

AUFTRAG Lernt mit Hilfe der Kassette das ABC-Lied. Singt es vor.

MATERIAL Kassettengerät und Kopfhörer
Kassette mit einem ABC-Lied (Lehrperson und/oder Kinder singen und nehmen das Lied auf)
Tipp: Das ABC kann auch selbst vertont werden.

T – Tasten (2 Kinder)

AUFTRAG Kind A hält die Hände unter den Tisch. Kind B gibt ihm eine Tastkarte. Kind A ertastet das Wort und versucht, es aufzuschreiben. Tauscht die Rollen.

MATERIAL „Tastwörter"; von der Lehrperson und/oder den Kindern selbst angefertigt, „Tastwörter" mit Flüssigleim, Streichhölzern usw. anfertigen oder mit Lochzange, Ahle ausstanzen

TIPP Schwierigkeitsgrad der Wörter dem aktuellen Klassenstand anpassen

U – Ulkiges ABC

AUFTRAG Lies das Käse-ABC. Erfinde auch ein lustiges ABC und schreibe es auf. Vielleicht ein Wurst-ABC, Floh-ABC, Möbel-ABC oder etwas ganz anderes.

MATERIAL Arbeitsblatt mit Käse-ABC, siehe Kopiervorlage Seite 58

V – Vornamen (2–4 Kinder)

AUFTRAG Würfelt mit einem Buchstabenwürfel und dreht dann die Sanduhr um! Wer schreibt die meisten Wörter auf sein Blatt?

MATERIAL mehrere Buchstabenwürfel
Sanduhr (drei Minuten)
Schreibmaterial
Arbeitsblätter „Vornamen", siehe Kopiervorlage Seite 59

HINWEIS Spiel wie „Stadt/Land/Fluss"
Buchstabenwürfel so beschriften, dass es zu den einzelnen Buchstaben genug Esswaren gibt.

W – Wörter zaubern

AUFTRAG Du kannst ein Wort verändern, indem du einen Buchstaben änderst. Verändere mindestens zehn Wörter! Schreibe deine Lösung auf einen Zettel. Vergleiche erst am Schluss mit der Lösung auf der Rückseite der Karten.

MATERIAL Wortkärtchen, siehe Kopiervorlagen Seite 60 bis 65

X – Buchstaben sammeln (4–6 Kinder)

AUFTRAG Spielt „Buchstabensammeln“!

MATERIAL Spielplan, Spielsteine und Würfel, Blankospielplan (siehe Kopiervorlagen Seite 66 bis 67)

SPIELANLEITUNG Jedes Kind schneidet sich ein paar Blanko-Spielkärtchen aus.
Es legt seinen Spielstein irgendwo an den Rand des Spielplans.
Wer die höhere Zahl würfelt, beginnt.
Gemäß der gewürfelten Zahl wird nun der Spielstein beliebig waagrecht und senkrecht auf dem Spielfeld verschoben und dann auf einem Buchstabenfeld abgelegt.
Das Kind schreibt diesen Buchstaben auf ein Blanko-Kärtchen.
Während des Spiels versuchen die Kinder, aus ihren Buchstaben ein Wort zu bilden.
Gewonnen hat, wer das längste Wort legen kann.
(Diese Spielanleitung ist für die Lehrperson. Sie präsentiert der Klasse das Spiel.)

Y – ABC-Spiel (2 Kinder)

AUFTRAG Spielt das ABC-Spiel!

MATERIAL Spielplan und Auftragskärtchen, siehe Kopiervorlagen Seite 68 bis 69, Spielsteine, Würfel, Knöpfe

SPIELANLEITUNG Die Spieler und Spielerinnen werden der Einfachheit halber mit A und B bezeichnet:
A und B legen ihren Spielstein in ein Löwenohr.
Die Auftragskärtchen werden verdeckt in die Mitte des Spielplans gelegt (Löwennase).
Nur die oberste Karte ist aufgedeckt.
Wer die höhere Zahl würfelt, beginnt und zieht im Uhrzeigersinn übers Spielfeld.
Legt man den Spielstein auf einem Feld ab, löst man den Auftrag gemäß oberster Auftragskarte.
Richtig gelöst: Man darf auf dem Feld bleiben.
Falsch gelöst: Drei Felder zurück.
Wer zuerst einen Durchgang absolviert hat (d. h. wieder in „seinem“ Löwenohr angekommen ist), erhält einen Knopf als Punkt und legt diesen in „seine“ Löwentatze.
Nun wird die erste Auftragskarte weggelegt und die nächste aufgedeckt.

Spielende ist, wenn mit jeder Auftragskarte eine Runde gespielt wurde oder nach Vereinbarung.
Sieger ist, wer am meisten Knöpfe gesammelt hat.

Z – Zungenbrecher

AUFTRAG Lies alle Zungenbrecher. Suche einen aus und lerne ihn. Sprich den Zungenbrecher möglichst schnell nach!

MATERIAL Arbeitsblatt „Zungenbrecher“, siehe Kopiervorlage Seite 70

Suppen-ABC

Kontrollliste für Schülerinnen und Schüler

Aa altes Ameisensüppchen
Bb bärenstarkes Bananensüppchen
Cc chices Champignonsüppchen
Dd dummes Dosensüppchen
Ee edles Erbsensüppchen
Ff fades Fischsüppchen
Gf gutes Gurkensüppchen
Hh heißes Hühnersüppchen
Ii igitt, igitt! Insektensüppchen
Jj junges Jubelsüppchen
Kk kaltes Käsesüppchen
Ll leckeres Linsensüppchen
Mm mildes Milchsüppchen

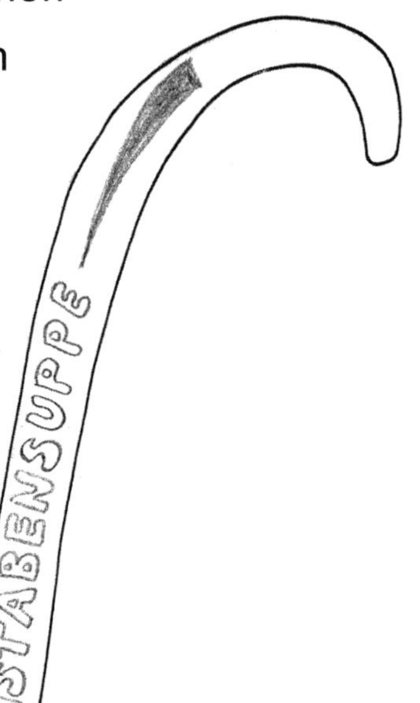

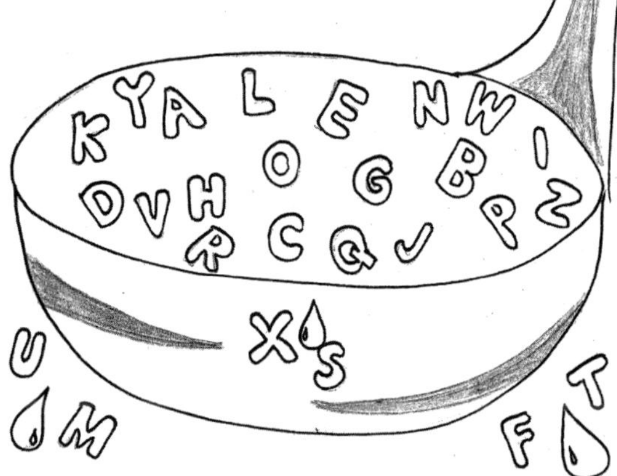

Nn normales Nudelsüppchen
Oo originelles Omelettensüppchen
Pp pfui! Pfützensüppchen
Qq quicklebendiges Quallensüppchen
Rr ranziges Raupensüppchen
Ss süßes Seifensüppchen
Tt trockenes Tintensüppchen
Uu unheimliches Ungeziefersüppchen
Vv versalzenes Veilchensüppchen
Ww wildes Warzensüppchen
Xx x-beliebiges Xylophonsüppchen
Yy yes, ein Yakhorn-Süppchen
Zz zartes Zitronensüppchen

Kontrollliste

A Alles durcheinander														
B Buchstaben spüren														
C Basteln														
D Domino														
E Ein Tier mit ...														
F Fitness-ABC														
G Gedichte														
H Hier fehlen Buchstaben														
I Irrgarten														
J Jede Menge Wörter														
K Kimspiel														
L Lotto														
M Maus-ABC und anderes														
N Nenne alle Buchstaben														
O Oh, eine Geheimbotschaft														
P Paarkarten														
Q Kreuz und quer														
R Richtige Reihenfolge														
S Singen														
T Tasten														
U Ulkiges ABC														
V Vornamen														
W Wörter verzaubern														
X Buchstaben sammeln														
Y ABC-Spiel														
Z Zungenbrecher														

A – Alles durcheinander (einfach)

J	A	G	U	A	R	
P	E	L	I	K	A	N
A	M	E	I	S	E	
K	O	J	O	T	E	
N	A	S	H	O	R	N
P	I	N	G	U	I	N
K	R	E	B	S		

A – Alles durcheinander (mittelschwer)

D	R	O	M	E	D	A	R		
W	A	S	C	H	B	Ä	R		
S	T	I	N	K	T	I	E	R	
S	C	H	I	M	P	A	N	S	E
N	I	L	P	F	E	R	D		
F	L	E	D	E	R	M	A	U	S
M	A	U	L	W	U	R	F		

A – Alles durcheinander (schwierig)

SCHILDKRÖTE

EICHHÖRNCHEN

STACHELSCHWEIN

EINTAGSFLIEGE

HEUSCHRECKE

GIFTSCHLANGE

BLINDSCHLEICHE

D – Domino 1

A		H	
B		I	
C		J	
D		K	
E		L	
F		M	
G		N	

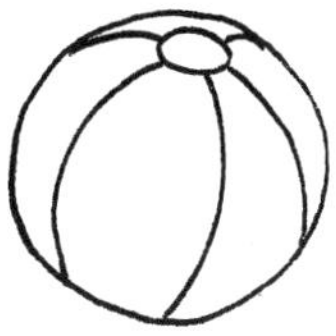

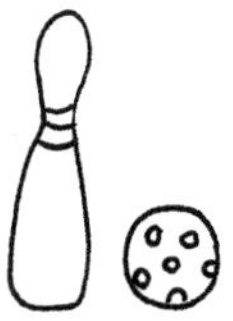

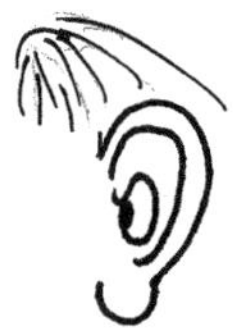

D – Domino 2

O		V	
P		W	
Q		X	
R		Y	
S		Z	
T			
U			

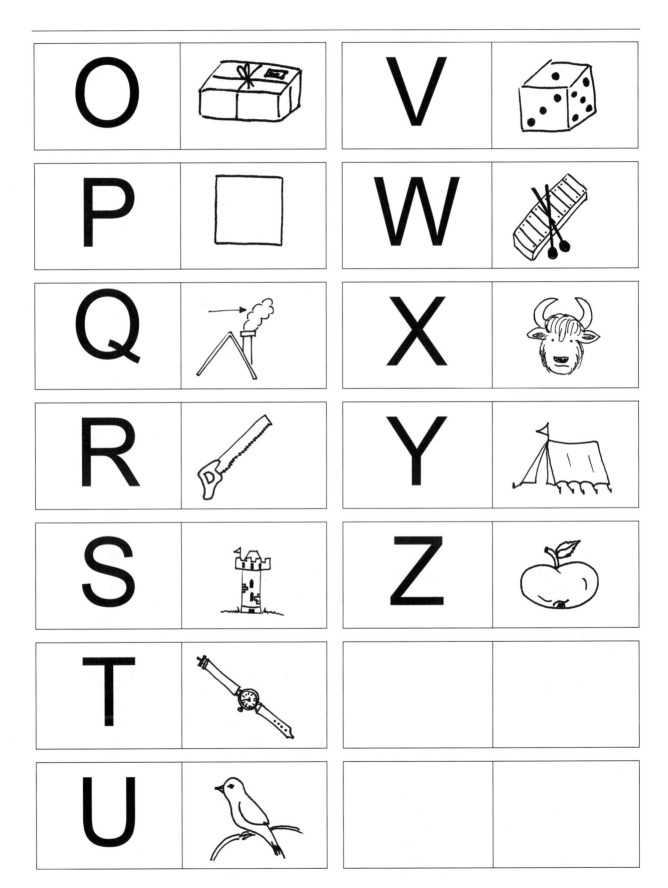

F – Fitness-ABC

A ▲	B ▲	C ■	D ●
E ●	F ▲	G ●	H ■
I ■	J ▲	K ●	L ●
M ▲	N ■	O ■	P ●
Q ▲	R ●	S ▲	T ■
U ■	V ●	W ▲	X ●
Y ■	Z ▲		

G – Gedichte

ABC Im Winter fällt Schnee.
DEF Sag mir, wo ich dich treff!
GHI Dann fahren wir heut Ski.
JKL Das geht ganz toll und schnell
MNO und macht uns alle froh.
PQR Wir fahren kreuz und quer.
STU Die Zeit vergeht im Nu.
VWX Komm nach Hause, fix!
Y und Z Und dann geht‘s ab ins Bett!

ABC Wir baden heut im See.
DEF Komm auch zu unserm Treff!
GHI So heiß war‘s ja noch nie!
JKL Pack die Sachen schnell!
MNO Wir planschen alle froh.
PQR Dort angelt schon ein Herr.
STU Hoffentlich beißt kein Fischlein zu!
VWX Wir schwimmen nochmals fix
Y und Z und dann nach Haus, es ist schon spät!

ABC Dort drüben steht ein Reh.
DEF Psst, Bello, hör auf mit dem Gekläff!
GHI So nah sieht man es sonst nie!
JKL Jetzt rennt es doch noch fort – und schnell!
MNO Ach, Hunde macht das Jagen froh!
PQR Bello spurtet kreuz und quer.
STU Das Reh hängt ihn ab im Nu.
VWX Bello, für dich ist das nix!
Y und Z Mit deinen kurzen Beinen bist du viel zu spät!

H – Hier fehlen Buchstaben

Suche die fehlenden Buchstaben im ABC!
Sie ergeben richtig zusammengesetzt jeweils ein Tier.

C - D - F - G - H - I - J – K - L - M - N - O - P - Q - S - T - U - V - W - X - Y

Fehlende Buchstaben: _ _ _ _ _

Lösungswort: ____________________

A - B - C - G - H - J - K - M - O - P - Q - R - S - T - U - V - W - X - Y - Z

Fehlende Buchstaben: _ _ _ _ _ _

Lösungswort: ____________________

A - B - D - E - G - I - J - K - L - M - N - O - P - Q - R - T - V - W - X - Y - Z

Fehlende Buchstaben: _ _ _ _ _

Lösungswort: ____________________

A - B - C - D - E - F - G - H - I - J - K - L - M - Q - R - S - T - U - V - W - X - Z

Fehlende Buchstaben: _ _ _ _

Lösungswort: ____________________

A - B - C - D - F - H - J - K - L - M - N - O - P - Q - S - U - V - W - X - Y - Z

Fehlende Buchstaben: _ _ _ _ _

Lösungswort: ____________________

I – Irrgarten

ABC

G	X	Z	R	S	E	K	A	Y
H	I	J	K	U	Q	R	B	Z
D	C	B	A	F	N	O	C	F
J	K	Y	Z	C	G	H	D	E
I	W	X	A	B	E	D	I	J
H	V	P	Z	A	B	C	F	K
G	U	O	M	Y	F	D	E	A
F	T	C	F	X	E	M	F	G
E	S	R	Q	C	D	O	G	Z
D	L	J	P	B	J	I	H	E
C	B	A	O	A	K	B	C	D
Q	P	O	N	M	L	A	S	R
R	S	T	C	I	M	N	O	P

L – Lotto Karten 1

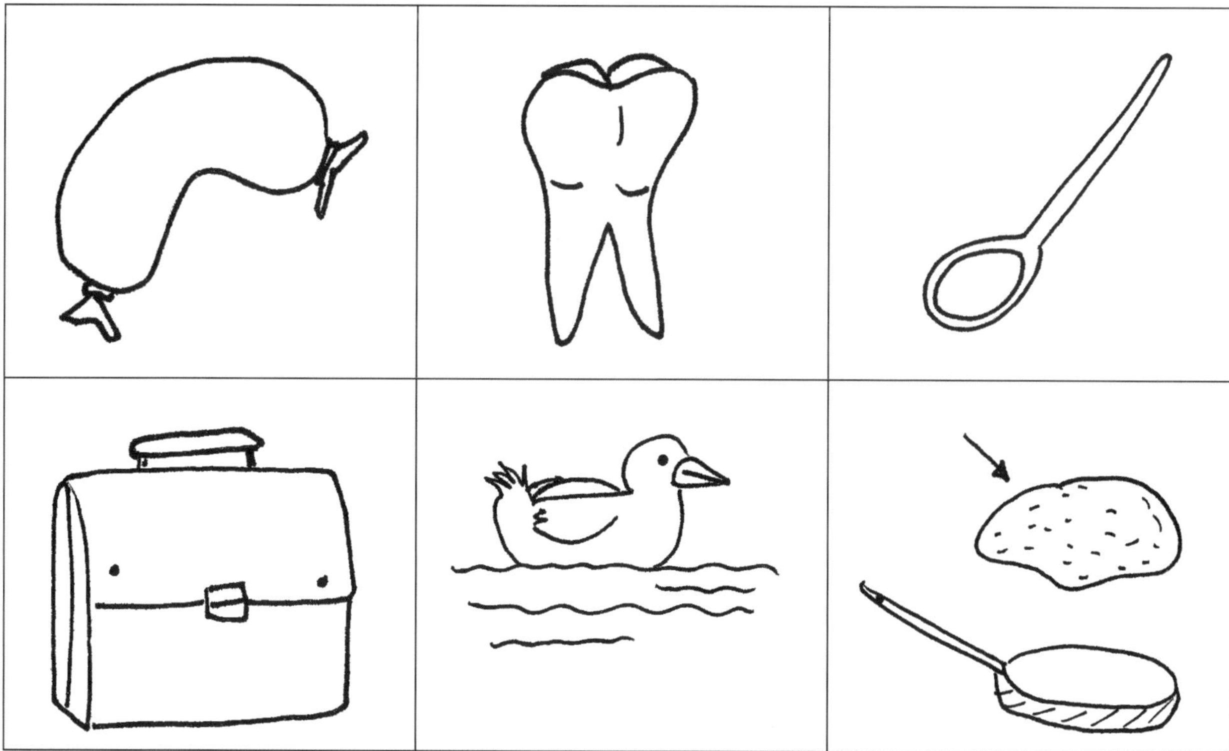

L – Lotto Karten 2

L – Lotto Karten 3

M – Maus-ABC und anderes (Maus 1)

alte Maus	blaue Maus
Clownmaus	dicke Maus
eifersüchtige Maus	frohe Maus
große Maus	hungrige Maus
Indianermaus	Jodelmaus
kranke Maus	Lachmaus
mächtige Maus	niedliche Maus

M – Maus-ABC und anderes (Maus 2)

Ostermaus	Punkermaus
Quatschmaus	Riesenmaus
Supermaus	traurige Maus
ungarische Maus	Verkehrsmaus
Wundermaus	X-Bein-Maus
Yvonne-Maus	Zaubermaus

M – Maus-ABC und anderes (Esswaren 1)

Ananas	Bohne
Curryreis	Dattel
Erdbeere	Fisch
Gurke	Honig
Imbiss	Joghurt
Käse	Lauch
Mandarine	Nuss

M – Maus-ABC und anderes (Esswaren 2)

Orange	Pfirsich
Quark	Ravioli
Suppe	Tomate
ungarisches Gulasch	Vanillepudding
Wurst	x-beliebige Esswaren
Yes-Törtchen	Zuckerwatte

M – Maus-ABC und anderes (Schule 1)

Aufgaben	Bleistift
Chemie	denken
Etui	Ferien
Gummi	Heft
Instrument	Jägerlied
Klavier	Lehrer
Malen	Noten

M – Maus-ABC und anderes (Schule 2)

Ordner	Pause
quatschen	rechnen
singen	turnen
Universität	Vortrag
Wandtafel	x – da weiß ich nix
Ypsilon	Zeugnis

N – Nenne alle Buchstaben 1

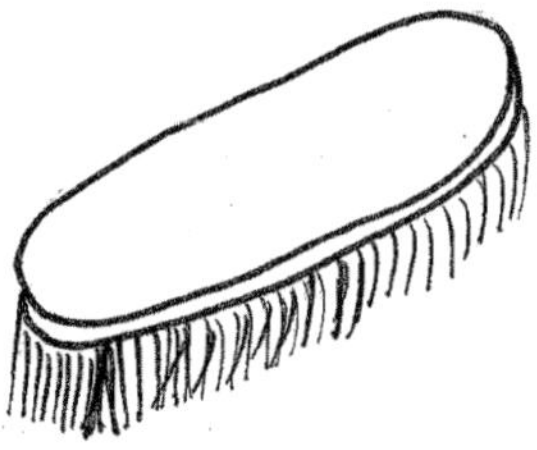

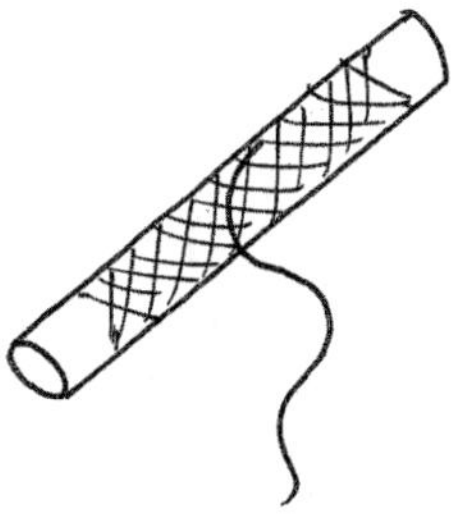

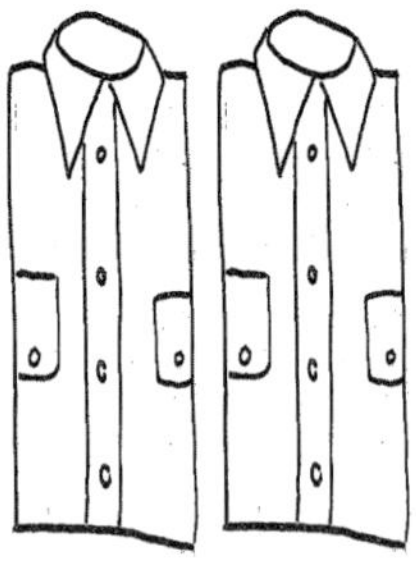

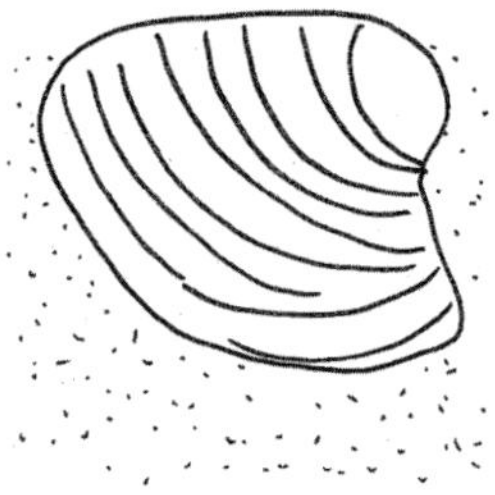

N – Nenne alle Buchstaben 2

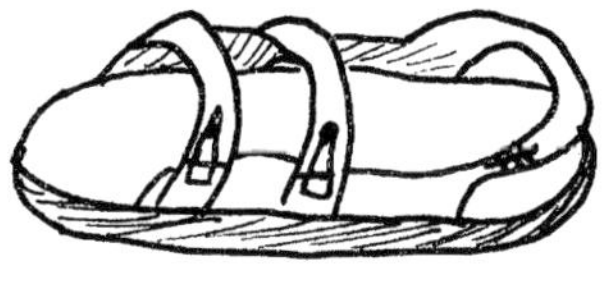

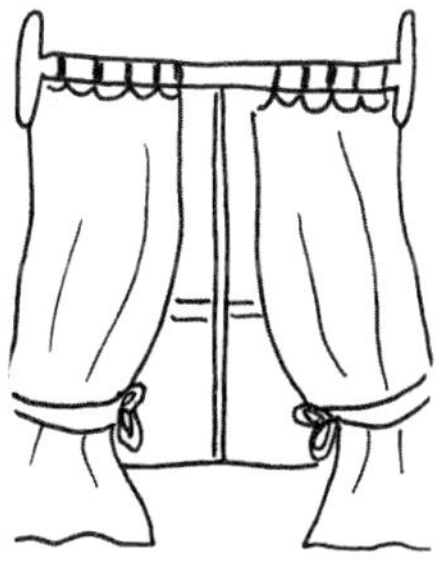

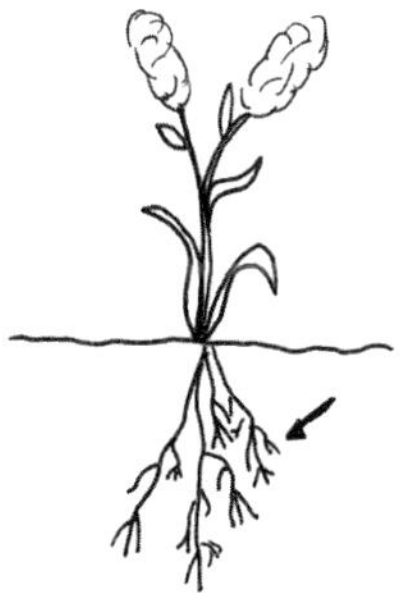

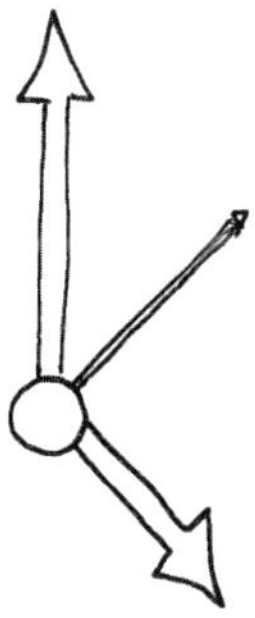

N – Nenne alle Buchstaben (Lösung)

A	Anker
B	Bürste
C	Chinese
D	Drachen
E	Elefant
F	Faden
G	Geschenk
H	Hemd
I	Insel
J	Jäger
K	Kaktus
L	Lampe
M	Muschel
N	Nagel
O	Osterei
P	Pinsel
Q	Quadrat
R	Rakete
S	Sandale
T	Tomate
U	Uhu
V	Vorhang
W	Wurzel
X	-
Y	-
Z	Zeiger
Pf	Pfeife
Au	Auge
Ei	Eidechse

O – Oh, eine Geheimbotschaft

ABC

A B C D E F G H
I J K L M N O P
Q R S T U V W
X Y Z

5 – 9 – 14 – 6 – 1 – 3 – 8

16 – 18 – 9 – 13 – 1

P – Paarkarten 1

A𝒷C

Zeb	ra
Fal	ter
Rob	be
Zie	ge
Büf	fel
Krä	he
Lö	we
Pu	del

P – Paarkarten 2

Kä	fer
Och	se
Mu	schel
Ad	ler
Foh	len
Del	fin
Bie	ne
Hams	ter

Qu – Kreuz und quer 1

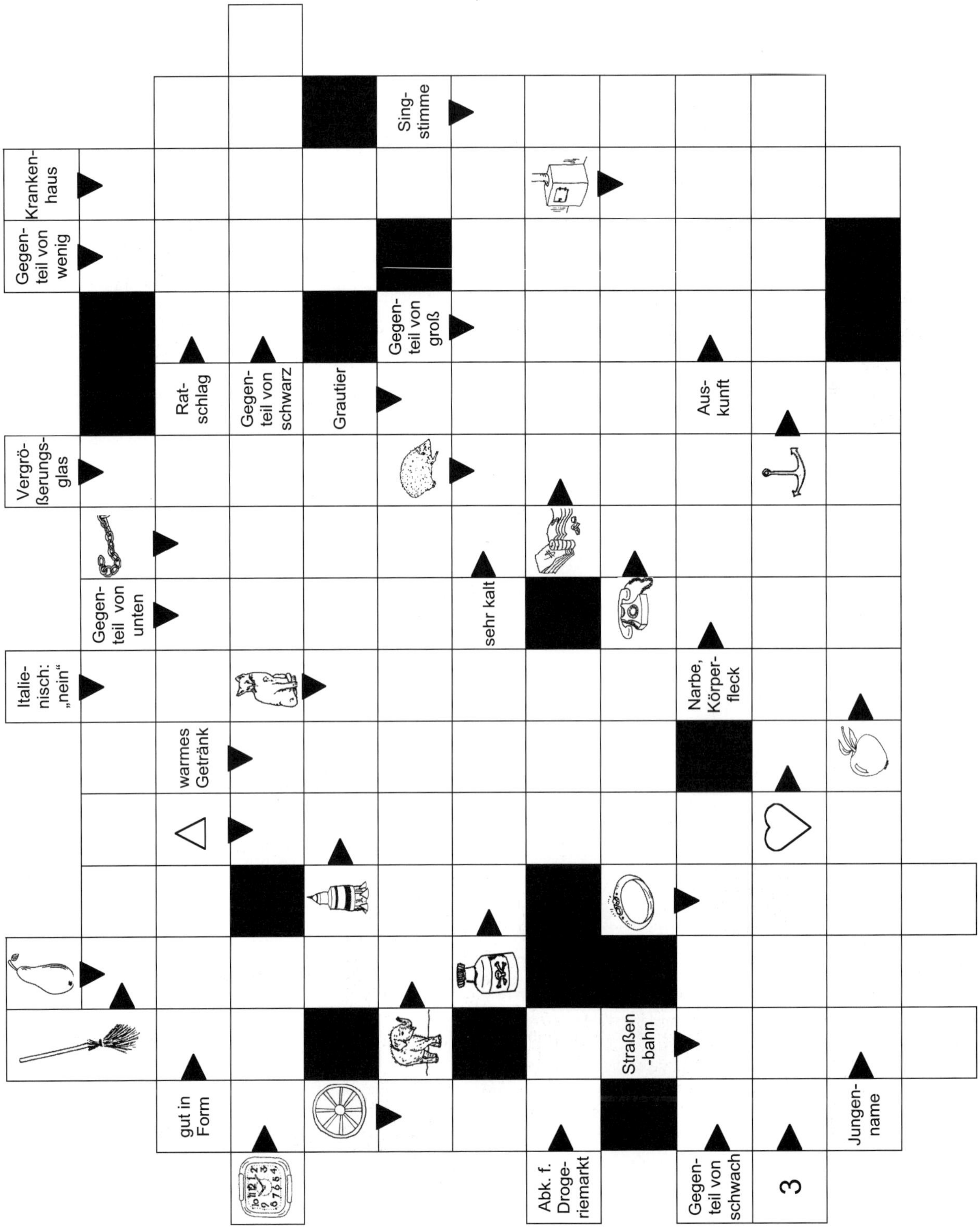

Sing-stimme

Kranken-haus

Gegen-teil von wenig

Gegen-teil von groß

Rat-schlag

Gegen-teil von schwarz

Grautier

Aus-kunft

Vergrö-ßerungs-glas

Gegen-teil von unten

sehr kalt

Italie-nisch: „nein“

Narbe, Körper-fleck

warmes Getränk

Straßen-bahn

gut in Form

Jungen-name

Abk. f. Droge-riemarkt

Gegen-teil von schwach

3

Qu – Kreuz und quer (Lösung)

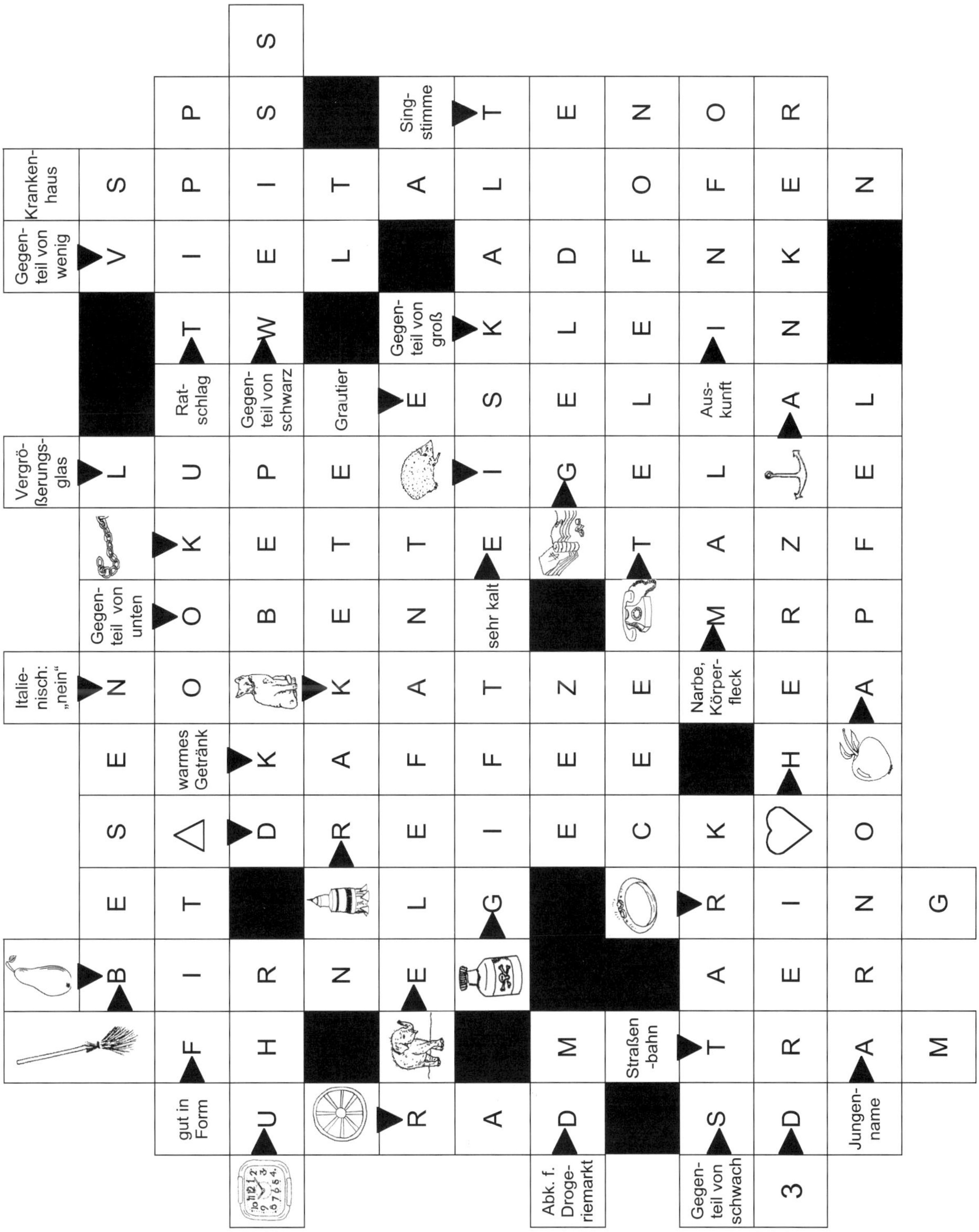

							Italienisch: „nein“			Vergrößerungsglas			Gegenteil von wenig	Krankenhaus		
			B	E	S	E	N	Gegenteil von unten		L	■	■	V	S		
	gut in Form	F	I	T	△	warmes Getränk	O	O	K	U	Ratschlag	T	I	P	P	
	U	H	R	■	D	K		B	E	P	Gegenteil von schwarz	W	E	I	S	S
		■	N		R	A	K	E	T	E	Grautier	■	L	T	■	
	R		E	L	E	F	A	N	T		E	Gegenteil von groß	■	A	Singstimme	
	A	■		G	I	F	T	sehr kalt	E	I	S	K	A	L	T	
Abk. f. Drogeriemarkt	D	M	■	■	E	E	Z	■		G	E	L	D		E	
	■	Straßen-bahn	■		C	E	E		T	E	L	E	F	O	N	
Gegenteil von schwach	S	T	A	R	K	■	Narbe, Körperfleck	M	A	L	Auskunft	I	N	F	O	
3	D	R	E	I		H	E	R	Z		A	N	K	E	R	
	Jungenname	A	R	N	O		A	P	F	E	L	■	■	N		
		M		G												

R – Richtige Reihenfolge 1

ABC

ABC-Kärtchen

A	B	C
D	E	F
G	H	I
J	K	L
M	N	O

R – Richtige Reihenfolge 2

ABC-Kärtchen

P	Q	R
S	T	U
V	W	X
Y	Z	Ä
Ö	Ü	

R – Richtige Reihenfolge 3

ABC-Kärtchen

a	b	c
d	e	f
g	h	i
j	k	l
m	n	o

R – Richtige Reihenfolge 4

ABC-Kärtchen

p	q	r
s	t	u
v	w	x
y	z	ä
ö	ü	

U – Ulkiges ABC

A Alpkäse
B Bärenkäse
C Colakäse
D Dosenkäse
E Edelkäse
F Flaschenkäse
G Gurkenkäse
H Hochzeitskäse
I immer Käse
J Jodelkäse
K kalter Käse
L Lachskäse
M mein Käse
N Nasenkäse
O Ofenkäse
P Pantoffelkäse
Q Quatschkäse
R Restkäse
S Stinkkäse
T Trinkkäse
U Ulkkäse
V verliebter Käse
W Wunderkäse
X X-Bein-Käse
Y Yes-Käse
Z Zehenkäse

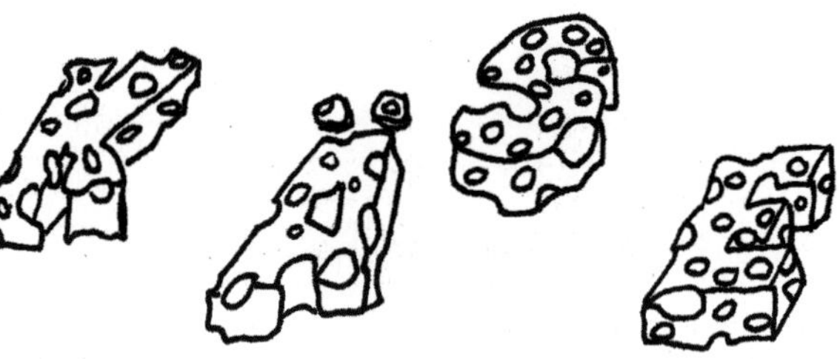

V – Vornamen

Vornamen	Tiere	Esswaren

W – Wörter verzaubern 1

A𝒮C

Tisch	Haus
Wand	Hand
Mond	Vase
Beil	Löwe
Seife	

W – Wörter verzaubern 1

Laus
Maus
raus
Haut
Hals
Hans

Fisch

Band Wand Wind
Land Hund
Rand Hans
Sand Hang
Tand Hanf

Hand Rand
Band Sand
Land Tand
Wald

Nase
Base
Hase

Mund
Mord

Möwe

Heil
Keil
Seil
Teil
Bein

Seite
Seile

W – Wörter verzaubern 2

A*B*C

Wurst	Stern
Tasse	Feder
Hase	Nuss
Nest	Buch
Dackel	

W – Wörter verzaubern 2

Stirn
Stein

Durst

Leder
Reder
Zeder
Feier

Kasse
Gasse
Masse
Rasse
Taste

nass
Kuss
Guss
muss

Nase
Gase
Hose
Hass

Base
Vase
Hast

Bach
Tuch

Fest
Rest
Test
West

Fackel
Deckel

W – Wörter verzaubern 3

ABC

Kater	Kabel
Suppe	Hirn
Wurm	Hahn
Burg	Fass
Zahn	

W – Wörter verzaubern 3

Kübel
Nabel
Fabel
Gabel

Vater
Pater
Rater

Horn
Harn
Firn

Sippe
Puppe

Huhn
Bahn
Kahn
Wahn
Zahn

Turm
warm

nass
Bass
Hass
Pass
Kuss

Berg

Hahn
zehn
Zahl
Bahn
Kahn
Wahn

X – Buchstaben sammeln

A*B*C

A	B	C	D	T	U	V	W	X	E
G	X	Z	R	D	S	E	K	L	T
Z	W	D	Q	S	B	N	L	P	F
U	I	O	H	M	R	T	A	J	O
N	H	C	G	Z	U	I	D	F	D
S	A	R	Z	D	J	M	L	B	N
K	J	T	Y	A	E	T	O	M	E
R	V	I	M	D	O	B	I	D	F
G	O	T	E	R	M	Z	A	T	E
E	N	U	B	K	I	W	E	U	D
A	R	J	W	R	G	S	P	R	A
L	C	I	Z	H	E	T	U	S	L
S	W	E	A	F	O	K	F	R	U
T	O	G	Y	R	S	U	I	G	E
E	D	P	U	H	E	A	H	R	D
Z	T	A	I	J	F	M	T	O	V

X – Buchstaben sammeln (Blanko)

Y – ABC-Spielplan

Spielplan

Y – ABC-Spiel

Auftragskärtchen

Finde ein Wort, das mit deinem Buchstaben beginnt.	Finde den Namen eines Tieres, der mit deinem Buchstaben beginnt.
Nenne uns ein Wort, das mit deinem Buchstaben endet.	Sage das ABC von deinem Buchstaben aus weiter auf.
Suche ein Wort. Dein Buchstabe muss in der Mitte sein.	Nenne etwas aus diesem Raum, das mit deinem Buchstaben beginnt.
Schreibe deinen Buchstaben auf einen Zettel und finde dazu den Buchstaben, der im ABC vorher, und den Buchstaben, der nachher kommt.	Nenne einen Vornamen, der mit deinem Buchstaben beginnt.
Nenne ein Hobby, das mit deinem Buchstaben beginnt.	Nenne ein Nahrungsmittel, das mit deinem Buchstaben beginnt.

Z – Zungenbrecher

Lange Laternen lassen Licht länger leuchten.
Licht lässt lange Laternen länger leuchten.

Meine Mutter muss mir morgens meine Milch machen.
Meine Milch muss mir morgens meine Mutter machen.

Pfiffige Pfeifer pfeifen pfiffig.
Pfiffig pfeifen pfiffige Pfeifer.

Scharfe Scheren schneiden Schnüre schneller.
Schnüre schneiden scharfe Scheren schneller.

Tausend Taucher tauchen täglich tausendmal.
Tausendmal tauchen täglich tausend Taucher.

Zehn Zwerge zwirbeln zwischen zwei Zwiebeln.
Zwischen zwei Zwiebeln zwirbeln zehn Zwerge.

Warme Wachteln wackeln wacker.
Wacker wackeln warme Wachteln.

Grüne Gurken gurgeln gutes Gurgelwasser.
Gutes Gurgelwasser gurgeln grüne Gurken.

ABC

A – Alles durcheinander

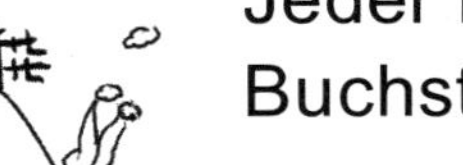

Jeder Becher enthält viele Buchstaben.
Kannst du damit ein Wort bilden?

Kontrolle:
auf dem Becherboden

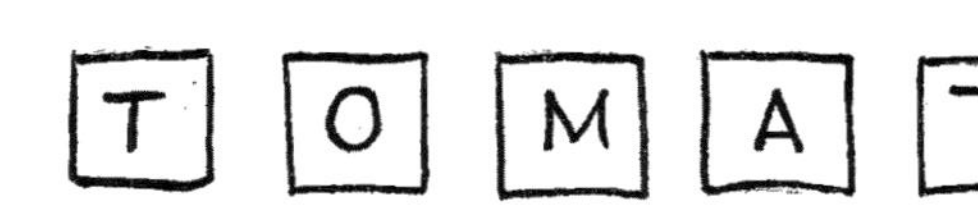

B – Buchstaben spüren

2 Kinder

Jedes Kind hat einen Stapel mit Wortkärtchen.

Ein Kind schreibt dem anderen ein Wort davon auf den Rücken.

Dieses muss nun in seinem Stapel nachschauen, ob es das Wort findet.

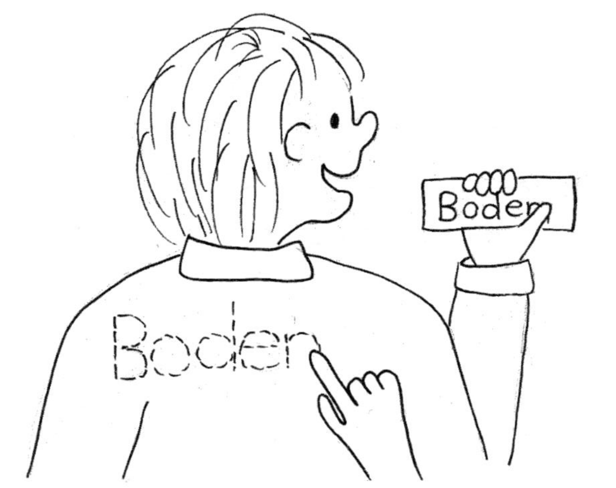

Z – Zungenbrecher

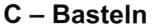

Lies alle „Zungenbrecher“.
Suche einen aus und lerne ihn.
Sprich den „Zungenbrecher“ möglichst schnell nach!

Fischers Fritz
fischt
frische Fische …

C – Basteln

Nimm dir einen Buchstabenbastelbogen.
Gestalte den Buchstaben.

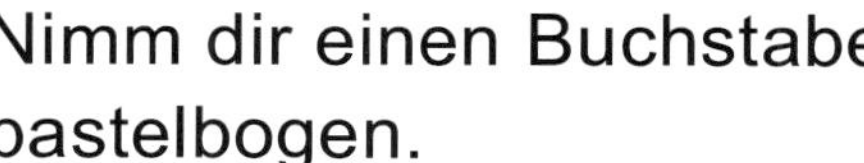
LEIM

D – Domino

1–3 Kinder
Spielt das Domino.

Sagt dabei zu jedem Bild den passenden Begleiter (der, die, das).

Y – ABC-Spiel

2 Kinder
Spielt das ABC-Spiel!

X – Buchstaben sammeln

4–6 Kinder
Spielt „Buchstabensammeln“!

M	E	U	T	M	E
Z	G	C	R	M	O
M	J	M	G	H	P
C	O	A	W	X	N
Z	I	M	Y	V	L
R	U	E	C	S	R

E – Ein Tier mit …

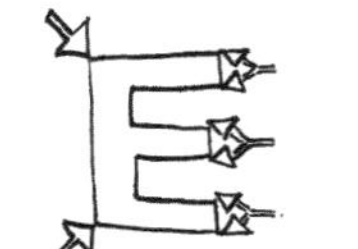

2–4 Kinder
Übt euch im Raten.

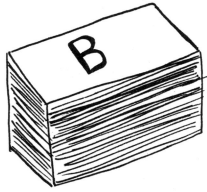

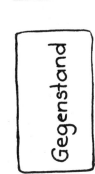

F – Fitness-ABC

2 Kinder
Lest das ABC vor.
Bei einem ▲ klatscht ihr,
bei einem ■ hüpft ihr
und bei einem ● macht ihr eine Kniebeuge.

Übt so das ABC dreimal!

W – Wörter verzaubern

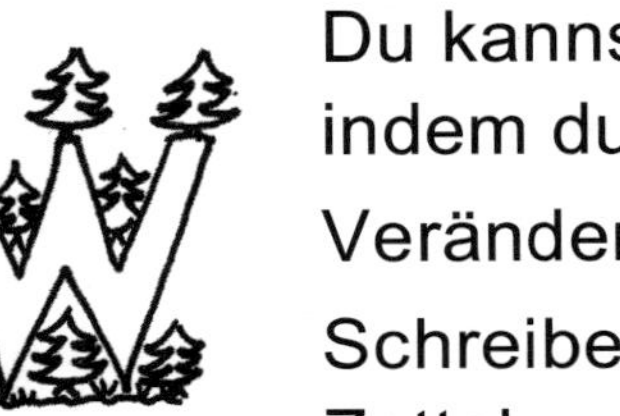

Du kannst ein Wort verändern, indem du einen Buchstaben änderst.
Verändere mindestens zehn Wörter!
Schreibe deine Lösung auf einen Zettel.

Vergleiche erst am Schluss mit der Lösung auf der Rückseite der Karten.

V – Vornamen

2–4 Kinder

Würfelt mit einem Buchstabenwürfel und dreht dann die Sanduhr um!

Wer schreibt die meisten Wörter auf sein Blatt?

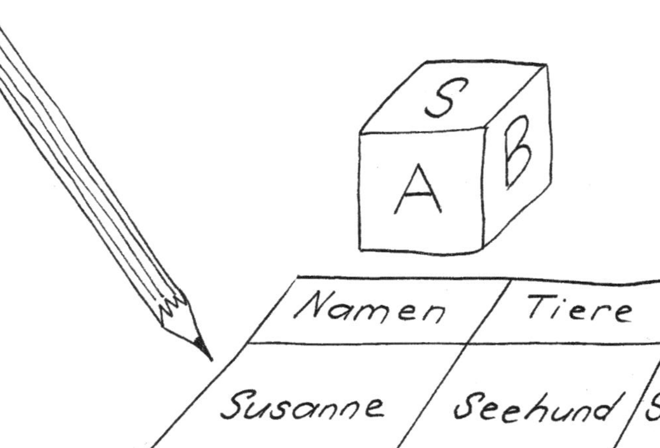

G – Gedichte

Lest die Gedichte.

Sucht euch ein Gedicht aus und lernt es auswendig.

Tragt es der Klasse vor.

H – Hier fehlen Buchstaben

Lies das ABC durch.
Einige Buchstaben fehlen.
Schreibe sie auf.
Bilde daraus das Lösungswort.
Es ist immer ein Tier.

Kontrolle:
Die Lösungen sind im Umschlag.

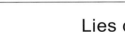

U – Ulkiges ABC

Lies das Käse-ABC.
Erfinde auch ein lustiges ABC und schreibe es auf.
Vielleicht ein Wurst-ABC, Floh-ABC, Möbel-ABC oder ganz etwas anderes.

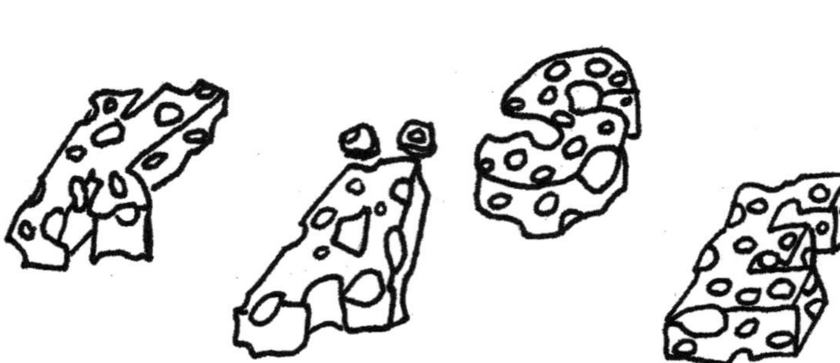

T – Tasten

2 Kinder

Kind A hält die Hände unter den Tisch.

Kind B gibt ihm eine Tastkarte.

Kind A ertastet das Wort und versucht es aufzuschreiben.

Tauscht die Rollen.

I – Irrgarten

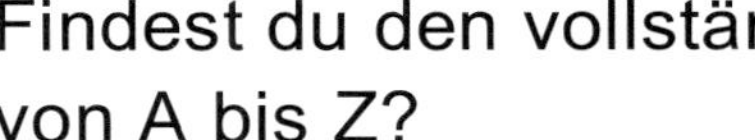

Findest du den vollständigen Weg von A bis Z?

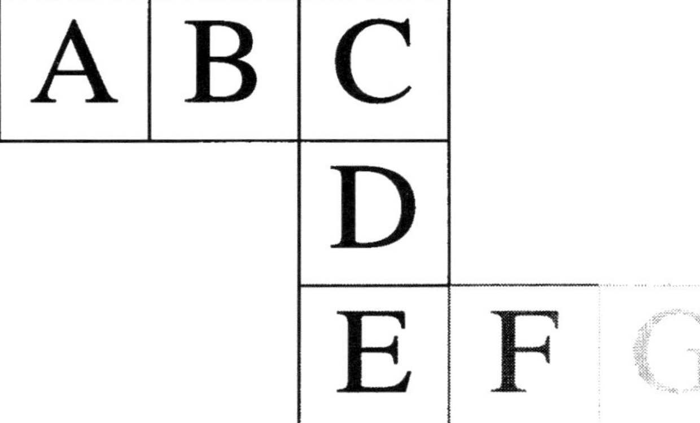

J – Jede Menge Wörter

Suche dir ein Bild aus.

Schreibe zu deinem Bild möglichst viele Wörter auf.

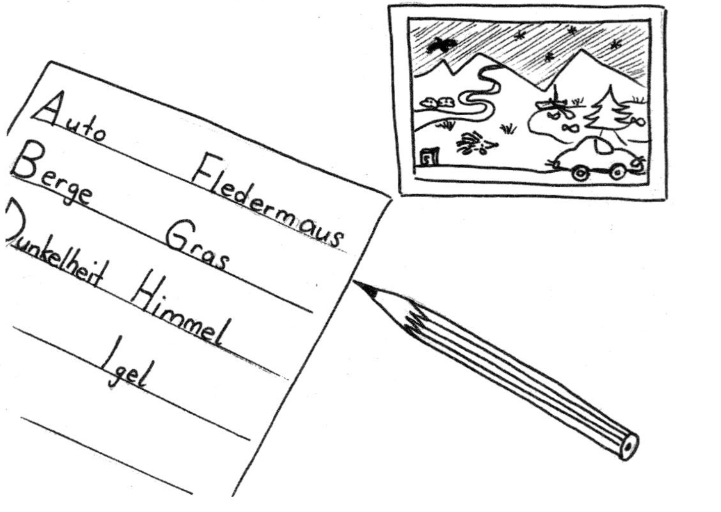

S – Singen

2–3 Kinder

Lerne mit Hilfe der Kassette das ABC-Lied.

Singt das Lied vor.

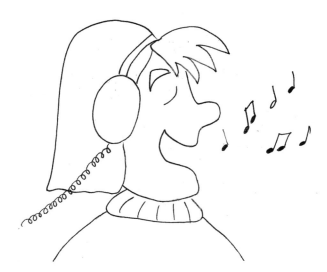

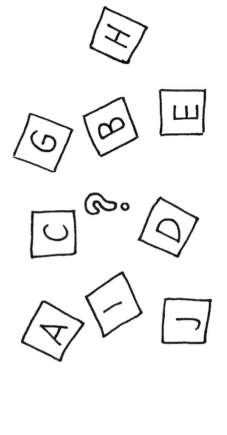

R – Richtige Reihenfolge

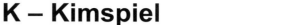

Nimm eine Büchse.

Lege die Kärtchen in der richtigen Reihenfolge auf den Boden.

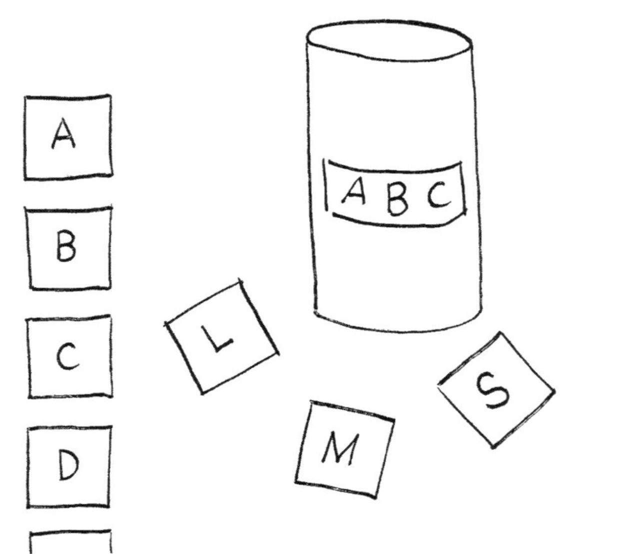

K – Kimspiel

2 Kinder

Ein Kind schließt die Augen.

Das andere verteilt die Kärtchen gut sichtbar auf dem Boden, lässt aber ein Kärtchen in der Büchse zurück.

Öffne die Augen!

Welcher Buchstabe fehlt?

L – Lotto

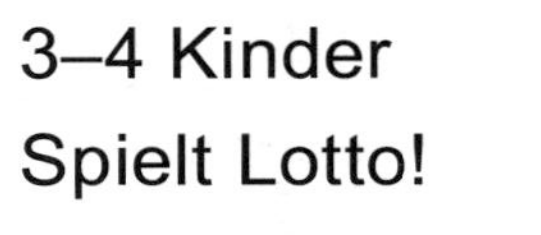

3–4 Kinder
Spielt Lotto!

Q – Kreuz und quer

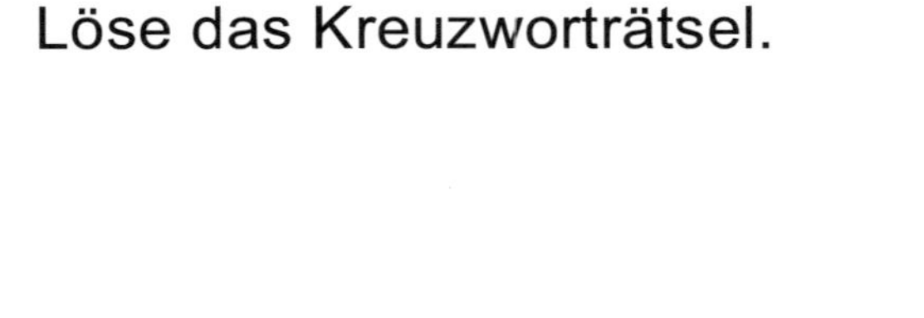

Löse das Kreuzworträtsel.

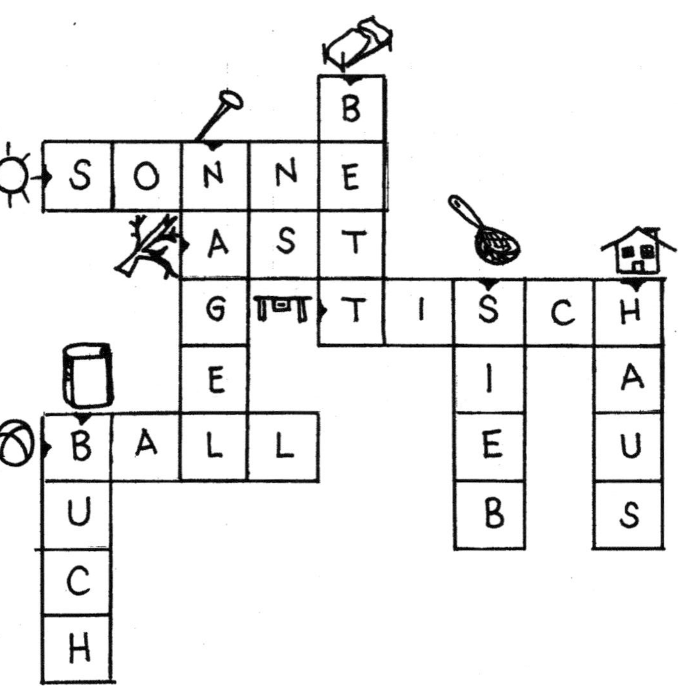

P – Paarkarten

2–4 Kinder

Verteilt alle Karten aufgedeckt auf dem Tisch.

Sucht Paare.

Immer zwei Kärtchen, die zusammen ein Tier bilden, gehören zusammen.

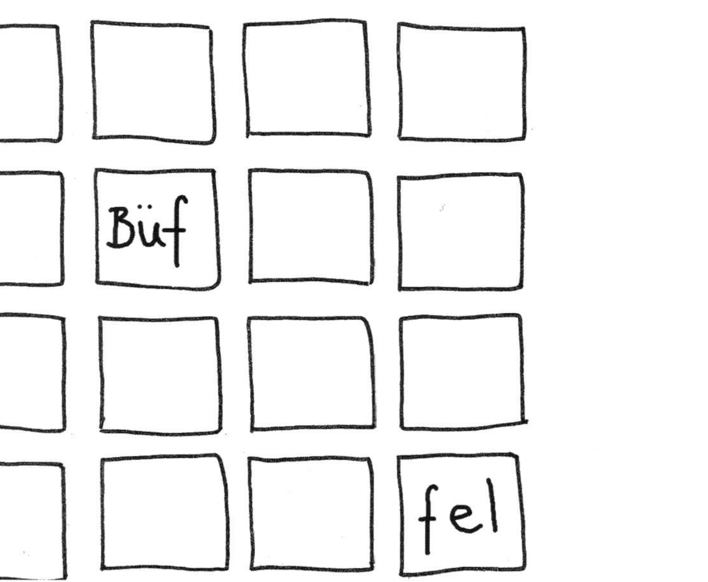

M – Maus-ABC und anderes

Sortiere die Kärtchen nach dem ABC.

Es gibt drei ABC-Reihen:

- Maus-ABC
- Esswaren-ABC
- Schul-ABC

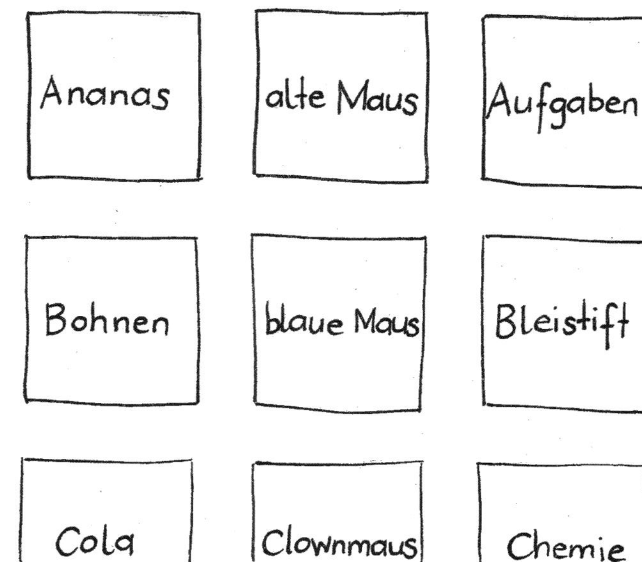

N – Nenne alle Buchstaben

2 Kinder

Ein Kind zeigt ein Bildkärtchen.

Das andere Kind buchstabiert das Wort und schreibt es auf ein Blatt.

O – Oh, eine Geheimbotschaft

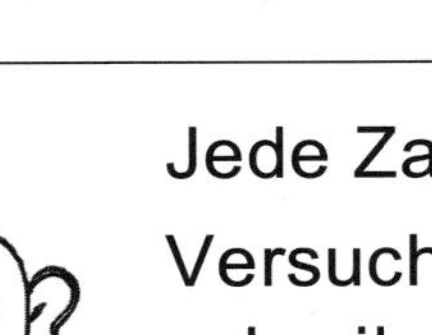

Jede Zahl steht für einen Buchstaben.

Versuche, die Botschaft zu lesen, und schreibe die Lösung auf!

Schreibe selbst ein solches Rätsel.